Stephanie und Thomas Feghelm

Laubsägearbeiten
Weihnachtsideen im Country-Style

ENGLISCH VERLAG

Bibliografische Information der Deutschen Bibliothek
Die Deutsche Bibliothek verzeichnet diese Publikation in der Deutschen Nationalbibliografie;
detaillierte bibliografische Daten sind im Internet über
http://dnb.ddb.de abrufbar

© by Englisch Verlag GmbH, Wiesbaden 2002
ISBN 3-8241-1163-2
Alle Rechte vorbehalten. Nachdruck, auch auszugsweise, verboten.
Fotos: Frank Schuppelius
Printed in Germany

Inhaltsverzeichnis

Vorwort

Der Country Style, vor kurzem von uns erst wirklich wahrgenommen, hat nicht nur unsere Stuben, Hauseingänge und Gärten im Sturm erobert. Nein, der Country Style hat sich auch fast unmerklich in unsere Herzen geschlichen. Jede einzelne Figur hat ihre Geschichte. Man braucht sich nur ein wenig mit ihnen zu beschäftigen, sie genau zu betrachten, und schon fangen sie an zu erzählen.

Der Weihnachtsmann berichtet von den Elchen aus dem Wald, der Engel von der Vielzahl der Sterne, die ihm den Weg zur Erde leuchten, und die Schneemänner erzählen von ihren Freunden, die sie alle Jahre wieder im Winter treffen.

Damit auch Sie viel Freude an diesen Geschichten haben, brauchen Sie nur ein wenig Holz, eine Säge, abgetönte Farben und natürlich jede Menge Spaß. Und möchten Sie zum Weihnachtsfest Freude verschenken, was bietet sich dann besser an, als diese lieben Gesellen!

Wir wünschen Ihnen auf jeden Fall gutes Gelingen.

Stephanie und Thomas Feghelm

Material und Werkzeug

Sie benötigen:

- Laubsäge oder Decoupiersäge
- Sägeblätter in verschiedenen Stärken
- Schleifpapier in verschiedenen Körnungen
- Leimholz in 18 mm Stärke
- Sperrholz in 3 mm, 6 mm und 8 mm Stärke
- Holzleim und Kraftkleber
- Heißkleber
- Bohrmaschine oder Akkuschrauber
- Bleistift
- Architektenpapier
- Bastelfarben
- Karostoffe
- Gelstifte in Schwarz und Weiß
- Pinsel in unterschiedlichen Größen
- Draht in verschiedenen Stärken
- kleine Nägel
- kleine Gläser (leere Marmeladengläser) zum Anrühren von Beize
- Cutter oder ein gerades Schnitzmesser

Das Holz

Für die meisten Motive in diesem Buch brauchen Sie 18 mm starkes Massivholz, um den „Country Style" richtig zu betonen. Sie erhalten dieses Holz als Leimholzplatten in Baumärkten. Sparen Sie dabei nicht an der Qualität des Holzes, und achten Sie unbedingt darauf, dass Ihr ausgewähltes Holz relativ hell ist, d. h. je weniger Astlöcher und Maserungen vorhanden sind, desto leichter lässt sich das Holz bearbeiten. Weiterhin benötigen Sie aus dem Bastelgeschäft Pappelsperrholz in 3 mm, 6 mm und 8 mm Stärke sowie Rundholzstäbe in verschiedenen Dicken.

Die Säge

Die Laubsäge, die mit Auf- und Abbewegungen durch das Holz geführt wird, eignet sich nur für die dünneren Holzplatten. Für die Leimholzplatten verwenden Sie am besten eine Decoupiersäge, d. h. eine elektrisch betriebene Laubsäge. Ein Motor ersetzt dabei die Muskelkraft der Auf- und Abbewegung des Sägeblattes. Es gibt diese Säge in unterschiedlichen Ausführungen und Preisklassen. Mit solch einer Säge lassen sich auch härtere Hölzer bis zur einer Stärke von 50 mm bearbeiten. Eine genaue Beschreibung liegt der jeweiligen Säge bei.

Das Schleifpapier

Nach dem Aussägen der Motive werden die Seiten, wo es erforderlich ist, geglättet. Hierfür eignet sich ein Schleifpapier mit grober Körnung (z. B. 80er). Verwenden Sie für den Nachschliff ein Papier mittlerer Körnung (z. B. 120er). Für den Oberflächenschliff (ist im „Country Style" jedoch nicht erforderlich) wird ein Schleifpapier mit feiner Körnung eingesetzt (z. B. 240er).

Die Kanten werden teilweise mit einem Cutter oder einem Schnitzmesser gebrochen. Je unebener die Kanten sind, desto rustikaler ist auch die Erscheinung.

Die Farben

Zum Bemalen verwenden Sie am besten wasserlösliche Bastelfarben, die im „Country Style" auf jeden Fall matt sein sollten. Diese Farben sind gut deckend sowie schnell trocknend.

Möchte man die Holzmaserung auch nach

der Bemalung sehen, kann man aus diesen Farben so genannte Beizen herstellen. Verdünnen Sie z. B. in einem leeren Marmeladenglas ein Teil Farbe mit 3–4 Teilen Wasser (je nach Intensität).

Exakte Farbabtrennungen können Sie aufgrund der wässrigen Konsistenz jedoch nicht erreichen. Tragen Sie deshalb immer erst die Beize auf und anschließend die deckenden Farbaufträge.

Um die Farben dauerhaft haltbar zu machen, werden sie nach dem Trocknen mit einem Matt-Sprühlack versiegelt.

Die Pinsel

Verwenden Sie für den Grundauftrag (Grundierung) einen Borstenpinsel. Beim Einsatz von Beizen nehmen Sie einen flach gebundenen Synthetikpinsel. Für Stupf- und Drybrush-Techniken eignet sich insbesondere ein rund gebundener Drybrushpinsel mit runder Spitze. Weiterhin brauchen Sie runde und flache Synthetikpinsel in unterschiedlichen Größen.

Feinste Linien und Konturen werden mit sehr guten Resultaten mit einem Gelstift aufgetragen.

Allgemeine Grundanleitung

Die Motivübertragung

Legen Sie einen Bogen festes Transparentpapier (Architektenpapier) über den Vorlagebogen, und zeichnen Sie das gewünschte Motiv mit einem weichen Bleistift ab. Legen Sie jetzt das Architektenpapier mit der Bleistiftseite auf Ihr Holz. Fahren Sie die Linien auf der Rückseite des Architektenpapiers mit einem harten Bleistift nochmals nach. Hierdurch werden die Linien auf Ihr Holz übertragen.

Das Sägen

Wenn Sie mit einer **Laubsäge** arbeiten: Befestigen Sie ein Sägetischchen mit einer Schraubzwinge an einer Tischkante. Der Schlitz und das Loch liegen vor der Tischkante. Das Motiv wird in dem Loch gesägt. Spannen Sie ein geeignetes Sägeblatt ein, und drehen Sie es mit den Flügelschrauben fest. Halten Sie den Sägebogen waagerecht und parallel zum Unterarm. Es wird immer nur das Holz gedreht, nicht die Säge. Wenn Sie mit einer **Decoupiersäge** arbeiten: Spannen Sie zunächst das für diese Holzart geeignete Sägeblatt ein, und achten Sie darauf, das die Sägezähne nach unten zeigen, um ein Ausschlagen des Holzes zu vermeiden. Sägen Sie nun entlang der Bleistiftlinie, indem Sie Ihr Holz langsam und ohne Druck gegen das Sägeblatt drücken. Achten Sie dabei darauf, das Ihr Holz immer fest auf dem Sägetisch aufliegt.

Um aus einem Motiv etwas herauszusägen, bohren Sie zunächst ein kleines Loch.

Lösen Sie das obere Teil das Sägeblattes, und führen Sie dieses durch das Bohrloch. Spannen Sie das Sägeblatt wieder ein. Nun können Sie problemlos im Motiv sägen.

ACHTUNG! Lassen Sie niemals Kinder unbeaufsichtigt an einer Decoupiersäge arbeiten!

Das Schleifen

Nicht immer werden beim Sägen Rundungen wirklich rund und Kanten richtig gerade. Mit einem Schleifpapier mit grober Körnung lassen sich jedoch kleine und größere Patzer schnell korrigieren. Für gerade Kanten legen Sie das Schleifpapier auf einen Schleifklotz aus Holz oder Kork und schleifen damit über die längste Seite des Holzes hin und her. Um Rundungen zu korrigieren, müssen Sie an den jeweiligen Stellen individuell zurückschleifen.

Kanten „brechen" Sie, indem Sie kurz mit etwas Druck direkt mit dem Schleifpapier über die Kante fahren oder mit dem Cutter die Kante etwas „abhobeln".

Das Bohren

Beim Bohren von Löchern besteht immer die Gefahr, dass das Holz auf der Rückseite aussplittert. Um dies zu vermeiden, müssen Sie stets ein weiteres Stück Holz unterlegen.

Die Maltechniken

Grundieren

Benutzen Sie einen einfachen Borstenpinsel für den Farbauftrag. Bürsten Sie die Farbe mit etwas Druck in das Holz. So können keine „Schlieren" entstehen.

Bei der Verwendung von Beize tragen Sie diese mit einem flach gebundenen Synthetikpinsel rasch und farbsatt auf das Holz auf. So vermeiden Sie Trocknungsränder.

Beizen

Verdünnen Sie 1 Teil Farbe mit 3–4 Teilen Wasser (je nach gewünschter Intensität), z. B. in einem leeren Marmeladenglas mit Deckel. So verdünnt, lässt die Farbe die Holzmaserung durchscheinen. Exakte Farbabtrennungen sind jedoch nicht möglich.

Alterungs-Effekt

Soll ein Teil schon etwas abgegriffen aussehen, so schleift man nach dem Trocknen der Farbe die Kanten etwas ab. Anschließend werden diese mit verdünnter brauner Farbe und einem Papiertuch überwischt. Ein weiterer Effekt wird durch das Aufspritzen von Farbpünktchen erzielt. Tauchen Sie eine Zahnbürste in etwas verdünnte braune Farbe, und streichen Sie diese in einer Richtung von sich weg über ein Spritzsieb.

Punkte setzen

Mit Stricknadeln oder Pinselstielen, die in den Farbspiegel getaucht werden, kann man gleichmäßige Punkte setzen. Setzen Sie anschließend den Stiel senkrecht auf das Holz. Die Farbmenge reicht meist für

zwei Punkte aus. Wischen Sie das Ende mit einem Papiertuch sauber, bevor sie erneut in den Farbspiegel eintauchen. So werden Ihre Punkte immer schön rund.

Drybrushing

Hier bürsten Sie regelrecht die „trockene" Farbe auf Ihr Motiv. Am besten eignet sich hierfür ein Drybrushpinsel mit einer runden Spitze. Der Pinsel muss vor Gebrauch immer trocken sein, da er die Farbe sonst zu sehr verdünnen würde. Tauchen Sie die Pinselspitze in die gewünschte Farbe. Streichen Sie nun den Pinsel auf einem Papiertuch so lange hin und her, bis Sie das Gefühl haben, dass jetzt keine Farbe mehr im Pinsel ist. Streichen Sie nun mit dem Pinsel über Kanten, stupfen Sie Wangen ab oder tragen Sie die Linien von Karohosen o. Ä. auf. Mit dieser Art von Bemalung lassen sich immer weiche Effekte erzielen.

Nass-in-Nass-Technik

Bei dieser Technik werden zwei oder mehr Far-

ben nass ineinander gewischt. Tragen Sie dazu die Farben nebeneinander oder übereinander auf, und ziehen Sie die Farben mit dem Pinsel ineinander. Sie müssen dabei zügig oder in Teilschritten arbeiten, damit die Farbe nicht antrocknen kann. Sie erhalten weiche Farbübergänge.

Versiegeln

Damit das bemalte Teil später auch feucht abwischbar ist, wird es mit einem transparentmatten Sprühlack versiegelt. Den Lack vor Gebrauch gut schütteln! Figuren für den Garten sollten Sie evtl. mit einem Bootslack versiegeln.

Einfärben von Stoffen

Damit die Stoffe schon etwas älter aussehen, können Sie sie mit schwarzem Tee einfärben. Dazu brühen Sie den Tee stark auf und weichen den Stoff ca. 15 Minuten darin ein. Anschließend fixieren Sie die Färbung mit Essig. Ein weiterer Alterungseffekt sind die ausgefransten Kanten. Die erhalten Sie, indem Sie den Stoff in die entsprechende Breite reißen.

Frostige Schneemänner
1. Langer Schneemann

Material

- Leimholz, 18 mm stark
- Sperrholz, 8 mm stark
- 1 gehobeltes Brett, 9 x 24 cm
- Schleifpapier mittlerer Körnung
- Cutter oder Schnitzmesser
- 1 Schraube, ca. 30 mm lang
- Holzleim
- Heißkleber
- Bastelfarben in Altweiß, Orange, Rot und Schwarz
- Strukturschnee
- Beize in Grün
- Karoschleife
- Dschungelmoos
- Besen
- Draht
- Sprühlack

Anleitung

Um einen liebenswerten Freund des Schnees für die Winterzeit zu schaffen, übertragen Sie die Konturen vom Vorlagebogen auf das Holz und sägen die Einzelteile aus. Glätten Sie die Seiten, und brechen Sie die Kanten mit dem Schnitzmesser.

Der Schneemann wird mit Altweiß grundiert. Verziehen Sie in die noch nasse Farbe ein wenig Schwarz (s. unter Maltechniken Nass-in-Nass-Technik).

Bemalen Sie die Nase mit Orange, und vermischen Sie darin ein wenig Braun. Rougen Sie die Wangen mit Rot. Grundieren Sie den Hut in Schwarz, und brushen Sie die Ränder mit Altweiß. Nun werden noch die Augen und Knöpfe aufgemalt.

Befestigen Sie den Schneemann mit Holzleim und der Schraube auf der vorher gebeizten Grundplatte, und verzieren Sie den Hut und die Nase mit etwas Strukturschnee.

Versiegeln Sie die Farben mit Sprühlack, und fixieren Sie das Dschungelmoos mit Heißkleber auf der Platte. Zum Schluss erhält der Schneemann noch einen Schal aus Karostoff.

2. Schneemannpärchen

Material
- Leimholz, 18 mm stark
- Sperrholz, 3 mm, 6 mm und 8 mm stark
- Schleifpapier mittlerer Körnung
- Cutter oder Schnitzmesser
- Holzleim
- Bastelfarben in Altweiß, Gelb, Rosa, Orange, Dunkelrot, Mittelblau, Grün, Braun, Dunkelbraun und Schwarz
- Lackmalstift in Schwarz
- Gelstift in Schwarz
- Bast, Karoband
- Dschungelmoos
- Draht
- 2 Scharniere, 40 mm lang
- 8 Schrauben, 12 mm lang
- Sprühlack

Anleitung

Auch diese beiden lieben Freunde sehen bezaubernd vor Ihrer Haustür aus.
Übertragen Sie die Konturen vom Vorlagebogen auf das Holz, und sägen Sie diese aus. Brechen Sie die Kanten mit dem Schnitzmesser.

Schneefrau:

Grundieren Sie alle Kleidungsstücke in den entsprechenden Farben. Die Kanten und Konturen werden mit schwarzer Farbe nachgezogen und mit etwas Wasser verwischt. Das Karomuster des Schals wird in den Farben Grün und Altweiß aufgebrusht (s. unter Maltechniken, Brushen). Alle restlichen Flächen werden in Altweiß grundiert, die Ränder in der Nass-in-Nass-Technik mit Braun verzogen (s. unter Maltechniken). Rougen Sie die Wangen, und leimen Sie die vorher bemalte Nase auf. Das Vogelhäuschen grundieren Sie mit Grün und verziehen in die noch nasse Farbe ein wenig Braun. Das Dach wird in Braun grundiert und mit Schwarz verwischt. Brushen Sie die Kanten mit Altweiß. Befestigen Sie das Herz mit dem Dschungelmoos mit etwas Heißkleber. Ziehen Sie den Draht durch das Loch, und verdrehen Sie die Enden miteinander. Anschließend drehen Sie den Draht über einen runden Gegenstand zur Spirale auf. Bohren Sie ein Loch durch die Hand, und verdrehen Sie das Draht-Ende auf der Rückseite. Mit dem Gelstift zeichnen Sie die Haare, die Augen und den Mund auf. Auch die Enden des Schals werden nochmals mit dem Gelstift nachgestrichelt.

Schneemann:

Verfahren Sie hier genauso, wobei Sie ruhig noch ein wenig mehr Braun verwenden können. Der Schriftzug wird mit dem Lackmalstift geschrieben.
Brushen Sie die Ränder des Huts und des Herzens mit Altweiß. Grundieren Sie den Schal in Mittelblau, und malen Sie die Streifen nach dem Trocknen abwechselnd in den Farben Altweiß und Rot auf. In die Zwischenräume ziehen Sie immer zwei dünne Linien mit dem Gelstift. Der Stern wird mit Gelb grundiert und mit Braun überbrusht. Fixieren Sie nun die Hutkrempe, den Stern und das Herz mit etwas Holzleim am Schneemann. Versiegeln Sie abschließend die beiden Schneemänner mit dem Sprühlack. Dann verschrauben Sie beide Teile miteinander und befestigen das Karoband und das Bastband an den Hüten.

SNOW FRIENDS

3. Schneeschaufel

Material
- Leimholz, 18 mm stark
- Sperrholz, 3 mm, 6 mm und 8 mm stark
- Schleifpapier mittlerer Körnung
- Cutter oder Schnitzmesser
- Holzleim
- Bastelfarben in Altweiß, Orange, Dunkelgrün, Braun, Schwarz und Gold
- Strukturschnee, wetterfest
- Beize in Braun
- Bast, Karoschleife
- Sprühlack

Anleitung

Für diesen Einladungsgruß übertragen Sie die Konturen der Teile auf die verschiedenen Holzsorten, und sägen Sie diese aus. Glätten Sie die Kanten von Arm, Stern, Nase und der Hutkrempe mit dem Schleifpapier; alle anderen Kanten werden mit dem Schnitzmesser gebrochen. Bemalen Sie das Schild in Dunkelgrün, und brushen Sie die Ränder mit Altweiß. (s. unter Maltechniken, Drybrush).
Beizen Sie die Schaufel mit Braun (s. unter Maltechniken, Beizen), und brushen Sie die Ränder nach dem Trocknen mit Altweiß. Leimen Sie die Schaufel zusammen, und fixieren Sie das Schild darauf.
Der Schneemann wird mit Altweiß grundiert. Tragen Sie auf die noch nassen Kanten ein wenig Braun auf, und verziehen Sie die beiden Farben miteinander. Bemalen Sie den Schneemann wie abgebildet. Brushen Sie die Ränder des Huts mit Altweiß. Nachdem Sie die Augen und die Knöpfe aufgemalt haben, werden die Einzelteile mit etwas Holzleim zusammen-

geklebt und mit Strukturschnee verziert. Versiegeln Sie die Farben mit dem Sprühlack. Anschließend können Sie die Schleifen am Stiel befestigen.

4. Schneemann „Welcome"

Material

- Leimholz, 18 mm stark
- Sperrholz, 3 mm stark
- Schleifpapier mittlerer Körnung
- Cutter oder Schnitzmesser
- Holzleim, Heißkleber
- Bastelfarben in Altweiß, Rosa, Orange, Bordeaux und Schwarz
- Strukturschnee, wetterfest
- Gelstift in Schwarz
- Lackmalstift in Schwarz
- Dschungelmoos
- Kette, fester Draht
- Besen, Bast und Karoschleife
- Bohrer in 3 mm und 8 mm
- Sprühlack

Anleitung

Ein freundliches Willkommensschild für die Gäste erhalten Sie, wenn Sie die Konturen des Schneemanns und des Schilds, wie in der Grundanleitung beschrieben, auf eine Holzplatte übertragen. Sägen Sie die Formen aus, und glätten Sie die Seiten. Brechen Sie die Kanten mit dem Schnitzmesser. Die Krempe der Mütze, der Stern und die Nase werden nur mit dem Schleifpapier gebrochen. Bohren Sie die Löcher für den Besen (8 mm) und die Kettenaufhängung (3 mm).

Bemalen Sie nun den Kopf mit Altweiß und Schwarz, Stern und Nase mit Orange. Rougen Sie die Wangen mit Rosa in der Drybrush-Technik (siehe unter Maltechniken in der Grundanleitung).

Befestigen Sie die Krempe und die Nase mit etwas Holzleim. Malen Sie anschließend die Augen und den Mund auf. Die Lichtpunkte werden mit der Farbe Altweiß gesetzt. Nun erhält die Mütze und die Nase noch etwas Strukturschnee. Das Schild wird mit Bordeaux grundiert, die Kanten mit Altweiß gebrusht (siehe unter Maltechniken in der Grundanleitung).

Übertragen Sie den Schriftzug auf das Holz, und malen Sie diesen mit einem Lackmalstift nach.

Nach dem Trocknen wird alles mit dem Sprühlack versiegelt. Befestigen Sie nun die Kette und die Drahtaufhängung an den Holzteilen. Fixieren Sie den Stern mit dem Moos sowie den Besen und die Schleifen mit Heißkleber.

5. Dicker Schneemann

Material
- Leimholz, 18 mm stark
- Sperrholz, 6 mm und 8 mm stark
- gehobeltes Brett, 9 x 50 cm
- Schleifpapier mittlerer Körnung
- Cutter oder Schnitzmesser
- Holzleim, Heißkleber
- Bastelfarben in Altweiß, Gelb, Rosa, Orange, Rot, Dunkelgrün, Braun, Schwarz und Gold
- Strukturschnee, wetterfest
- Beize in Orange und Grün
- Strukturschnee, wetterfest
- Lackmalstift in Schwarz
- Dschungelmoos
- Besen
- Reisig
- kleine Äste
- Sprühlack
- 2 Schrauben, ca. 30 mm lang

Anleitung

So arbeiten Sie einen hübschen „Hingucker" für Ihre Haustür:

Übertragen Sie die Konturen des Schneemanns auf das Leimholz und die Konturen des Schals, der Arme, der Nase und des Sterns auf das Sperrholz.

Glätten Sie die Seiten, und brechen Sie die Kanten mit dem Schnitzmesser. Bemalen Sie anschließend den Schneemann mit Altweiß. Tragen Sie an der unteren Kante auf die noch nasse Farbe etwas Braun auf und verziehen Sie diese nach oben (s. unter Maltechniken, Nass-in-Nass-Technik). Verfahren Sie bei den Armen ebenso.

Rougen Sie die Wangen, und malen Sie die Knöpfe und das Gesicht auf. Bemalen Sie die Hutteile schwarz, und brushen Sie die Ränder in Altweiß (s. unter Maltechniken, Drybrush).

Der Schal wird mit Dunkelgrün grundiert, die Streifen mit Rot, Altweiß und Gold aufgebrusht.

Grundieren Sie den Stern mit Gelb, und brushen Sie die Kanten mit Orange. Beizen Sie die Nase mit Orange, und verwischen Sie darin ein wenig Braun. Die Bodenplatte wird mit der grünen Beize bemalt.

Leimen Sie nun alle Teile zusammen, und versiegeln Sie die Farben mit dem Sprühlack. Anschließend können Sie das Dschungelmoos, den Besen und den Stern mit Heißkleber befestigen.

Verschrauben Sie den Schneemann mit der Bodenplatte. Tragen Sie nun den Strukturschnee auf, und bemalen Sie diesen nach dem vollständigen Durchtrocknen stellenweise mit verdünnter brauner Farbe. Bündeln Sie die Äste mit etwas Draht, und fixieren Sie diese und das Reisig mit etwas Strukturschnee.

Gemütliche Weihnachtsmänner
6. Weihnachtsmann-Türkranz

Material:
- Leimholz, 18 mm stark
- Sperrholz, 3 mm und 6 mm stark
- Schleifpapier mittlerer Körnung
- Cutter oder Schnitzmesser
- Bohrer, Ø 3 cm
- Holzleim, Heißkleber
- Bastelfarben in Altweiß, Gelb, Orange, Rosa, Dunkelrot, Haut, Braun und Schwarz
- Lackmalstift in Schwarz
- Gelstift in Schwarz
- halbe Holzperle in Rot, Ø 12 mm
- Karoschleife
- Dschungelmoos
- Bast, Reisig
- Tannenzapfen
- künstl. Tannenkranz, Ø ca. 45 cm
- Draht
- Sprühlack

Anleitung

Dieser Türkranz ist ideal, um die Freunde des Hauses willkommen zu heißen: Übertragen Sie die Konturen vom Vorlagebogen, wie in der Grundanleitung beschrieben, auf das Holz und sägen anschließend die Einzelteile aus. Glätten Sie die Seiten, und brechen Sie die Kanten mit dem Schnitzmesser. Bohren Sie nun die Löcher in das Schild.

Die Arme und die Mütze werden in Dunkelrot grundiert, die Kanten werden in der Nass-in-Nass-Technik mit etwas schwarzer Farbe verwischt (s. unter Maltechniken). In der gleichen Technik werden auch der Bart und die Krempe bemalt. Grundieren Sie dazu die Teile mit Altweiß, und tragen Sie auf die noch nasse Farbe etwas Braun auf. Verstreichen Sie die braune Farbe zur Mitte hin. Wenn die Farbe zu schnell antrocknet, können Sie beim Verstreichen einen nassen Pinsel verwenden. Das Gesicht und die Hände werden mit Hautfarbe grundiert und von den Rändern her mit Braun verstrichen.

Grundieren Sie die Sterne und das Schild in Gelb, und verstreichen Sie von den Kanten zur Mitte etwas Orange in der Nass-in-Nass-Technik. Nach dem Trocknen werden die Ränder noch einmal mit Orange überbrusht.

Übertragen Sie den Schriftzug auf das Schild, und ziehen Sie die Buchstaben mit dem Lackmalstift nach. Leimen Sie alle Teile zusammen und zeichnen das Gesicht auf. Die Konturen werden dabei mit dem Gelstift aufgetragen, der Augengrund mit Altweiß ausgemalt und die Pupille anschließend mit schwarzer Farbe aufgetragen. Zum Schluss werden die Wangen mit Rosa gerougt.

Spritzen Sie nun ein wenig braune Farbe über die bemalten Teile (s. unter Maltechniken). Dann fixieren Sie die Farben mit Sprühlack.

Befestigen Sie nun den Weihnachtsmann mit Heißkleber im Kranz, und dekorieren Sie diesen mit den angegebenen Materialien. Abschließend drahten Sie das Schild am Tannenkranz fest und bringen eine große Drahtöse zur Aufhängung an.

19

7. Weihnachtsmann zum Aufhängen

Material
- Leimholz, 18 mm stark
- Sperrholz, 3 mm stark
- Schleifpapier mittlerer Körnung
- Cutter oder Schnitzmesser
- Bohrer, Ø 2 mm
- Holzleim
- Bastelfarben in Altweiß, Gelb, Rosa, Dunkelrot, Dunkelgrün, Haut und Schwarz
- Beize in Braun
- Gelstifte in Weiß und Schwarz
- Rest Karostoff
- Bast
- Draht
- 1 Schelle
- Sprühlack

Anleitung

Dieser kleine Weihnachtsmann macht sich besonders schön an der Tür zur Weihnachtsstube.

Übertragen Sie dafür die Konturen vom Vorlagebogen auf Ihr Holz, und sägen Sie die Einzelteile aus. Glätten Sie die Seiten und brechen Sie mit dem Schnitzmesser die Kanten.

Bohren Sie nun die Löcher für die Drahtverbindungen.

Grundieren Sie die Jacke, Ärmel, Strumpfansatz und die Mütze in Dunkelrot und brushen Sie die Kanten und Flächen nach dem Trocknen ein wenig mit Altweiß (s. unter Maltechniken, Drybrush). Die Stiefel werden mit Dunkelgrün grundiert, der Stiefelrand wird nach dem Trocknen kräftig mit Altweiß überbrusht.

Grundieren Sie nun das Gesicht und die Hände mit Hautfarbe, stupfen Sie die Wangen mit Rosa ab und malen das Gesicht auf.

Die Krempen und der Bart werden mit Altweiß grundiert. Verstreichen Sie in die noch nasse Farbe ein wenig Braun in der Nass-in-Nass-Technik (s. unter Maltechniken).

Grundieren Sie nun den Stern mit Gelb, und brushen Sie von den Rändern zur Mitte hin ein wenig braune Farbe darüber.

Der Sack für die Geschenke wird mit brauner Beize bestrichen, die Ränder anschließend mit Altweiß gebrusht. Malen Sie nun die Flicken so auf, dass die Ränder etwas ausgefranst aussehen. Mit den Gelstiften werden die Muster und die Nahtstiche aufgetragen.

Hobeln Sie nun mit dem Schnitzmesser an einigen Stellen die Kanten ab, und bestreichen Sie diese mit etwas brauner Beize. Leimen Sie die Krempen und den Schnauzbart auf, und versiegeln Sie die Farben mit dem Sprühlack.

Nun können Sie alle Teile mit dem Draht verbinden. Der Geschenkesack erhält noch ein Bast- und Drahtband sowie einen Flicken aus dem Karostoff.

8. Weihnachtsmann-Trio

Material
- Sperrholz, 8 mm stark
- Schleifpapier mittlerer Körnung
- Cutter oder Schnitzmesser
- Bastelfarben in Altweiß, Rot,
  Dunkelrot, Haut und Schwarz
- Gelstifte in Schwarz
- 4 Scharniere, 2,5 cm lang
- 8 Schrauben
- Sprühlack

Anleitung

Um solch ein Treffen der Weihnachtsmänner zu organisieren, übertragen Sie die Konturen vom Vorlagebogen auf das Holz und sägen anschließend die Einzelteile aus. Glätten Sie die Seiten, und brechen Sie mit dem Schnitzmesser die Kanten. Bemalen Sie die Mäntel und die Mützen in Dunkelrot, die Stiefel und die Knöpfe in Schwarz.

Die Krempen, Bommeln und die Bärte werden in Altweiß grundiert. Verstreichen Sie ein wenig braune Farbe in der Nass-in-Nass-Technik in die Grundfarbe. Hierbei können Sie die Farbe mit etwas Wasser verdünnen, sodass sie streichfähiger bleibt.

Bemalen Sie die Gesichter und die Hände mit Haut. Mischen Sie bei den Händen etwas braune Farbe in die noch nasse Hautfarbe. Rougen Sie die Wangen und die Nasen mit Rot (s. unter Maltechniken, Brushen) und malen Sie den Hintergrund mit Altweiß aus.

Spritzen Sie nun ein wenig verdünnte weiße Farbe über die Weihnachtsmänner (s. unter Maltechniken, Alterungs-Effekte). Zum Schluss werden die Konturen und

die Augen mit dem Gelstift aufgezeichnet und die Farben mit dem Sprühlack versiegelt. Nach dem Trocknen werden die drei Weihnachtsmänner mit den Scharnieren so verbunden, dass sie in einer Zickzack-Linie aufgestellt werden können.

Verzaubernde Engel
9. Dicker Sternen-Engel

Material
- Sperrholz, 3 mm und 8 mm stark
- Schleifpapier mittlerer Körnung
- Bohrer, Ø 1 mm und 4 mm
- Holzleim, Heißkleber
- Bastelfarben in Altweiß, Gelb, Orange, Rosa, Haut, Braun und Gold
- Glitterlack in Gold
- Draht in Gold
- Rundholz, Ø 4 mm
- 2 Marionettenfüße, 24 x 30 mm
- Lockengarn in Blond
- Drahtband in Gold
- Sprühlack

Anleitung

Ein liebevoller Begleiter, nicht nur für die Weihnachtszeit. Übertragen Sie die Konturen vom Vorlagebogen auf das Holz, und sägen Sie die Einzelteile aus. Glätten Sie die Seiten und brechen Sie mit dem Schnitzmesser die Kanten.

Bohren Sie nun die Löcher für den Sternenstab und die Aufhängelöcher für den Stern.

Die Sterne werden in Gelb grundiert, die Kanten mit Orange gebrusht (s. unter Maltechniken).

Grundieren Sie die Flügel mit Altweiß, und tragen Sie nach dem Trocknen eine Schicht Glitterlack auf.

Bemalen Sie nun das Kleid mit Altweiß, und verstreichen Sie in die noch nasse Farbe etwas Braun (s. unter Maltechniken, Nass-in-Nass-Technik). Die Arme und Hände werden nur angedeutet.

Das Gesicht wird mit der Farbe Haut grundiert, die Kinnpartie mit einer verwischten braunen Linie herausgearbeitet. Rougen Sie die Wangen kräftig mit Rosa, und setzen Sie anschließend die Punkte für die Augen und den Mund (s. unter Maltechniken).

Leimen Sie nun die Flügel an und befestigen die vorher mit Gold bemalten Füße am Kleid. Fixieren Sie den Engel auf dem Stern, und versiegeln Sie die Farben mit Sprühlack.

Schneiden Sie sich das Lockengarn in die entsprechende Länge, und tragen Sie auf dem Oberkopf einen Streifen Heißkleber auf. Die Haarsträhnen werden in Richtung Gesicht und Hinterkopf aufgeklebt.

(Vorsicht mit dem Heißkleber, verwenden Sie zum Andrücken einen Pinselstiel o.ä.)

Binden Sie die Seiten zu Zöpfen zusammen. Ein weiterer Zopf entsteht aus der Ponypartie.Drahten Sie nun den Stern an den Stab, und fixieren Sie diesen mit Heißkleber im Bohrloch.

10. Frecher Engel

Material

- Sperrholz, 6 mm stark
- Leimholz, 18 mm stark
- Schleifpapier mittlerer Körnung
- Bohrer, Ø 2 mm und 6 mm
- Holzleim, Heißkleber
- Bastelfarben in Altweiß, Gelb, Rot, Altrosa, Mittelblau, Haut, Braun und Gold
- Glitterlack in Gold
- Lackmalstift in Gold
- Gelstift in Schwarz
- Draht in Gold
- Rundholz, Ø 6 mm
- Lockengarn in Blond
- Reisigbesen
- Bast
- Kleiner Goldstern
- Dschungelmoos
- kleiner Tannenzweig
- Drahtband in Gold
- Sprühlack

Anleitung

Ein Engel der besonderen Art begleitet Sie durch die Weihnachtszeit, indem Sie die Konturen vom Vorlagebogen auf Ihr Holz übertragen und die Einzelteile aussägen. Glätten Sie die Seiten, und brechen Sie mit dem Schnitzmesser die Kanten. Bohren Sie nun die Löcher für die Drahtverbindungen und den Hals.

Grundieren Sie die Beine, die Hände und das Gesicht mit Hautfarbe, und verstreichen Sie von den Kanten her etwas braune Farbe in der Nass-in-Nass-Technik. Rougen Sie die Wangen mit Rot, und zeichnen Sie das Gesicht mit dem Gelstift auf. Bemalen Sie das Kleid und überbrushen die rosafarbenen Flächen mit etwas Altweiß (s. unter Maltechniken).

Zeichnen Sie nun das Karomuster ein, indem Sie nebeneinander die Farben Gold (Lackmalstift), Blau, Altweiß und wieder Gold aufbringen. Zuerst werden die senkrechten und anschließend die waagerechten Linien gemalt. Die Pünktchen und die Sterne werden ebenso mit dem Lackmalstift aufgetragen. Überbrushen Sie die Ränder des Kleidchens mit Altweiß. Dann grundieren Sie die Wolke mit Altweiß und verstreichen in die noch nasse Farbe vom Rand her Braun.

Drahten Sie nun die Einzelteile zusammen, und verbinden Sie den Kopf mit dem Rumpf. Leimen Sie die Flügel, die mit Altweiß und Glitterlack gestrichen wurden, an, und fixieren Sie den Engel auf der Wolke. Versiegeln Sie die Farben mit Sprühlack.

Schneiden Sie das Lockengarn zurecht und befestigen es mit Heißkleber quer über dem Oberkopf. Binden Sie die vorderen Seiten zu Zöpfen zusammen, und schneiden Sie ein paar Ponyhaare heraus. Nun können Sie den „Heiligenschein" am Hinterkopf befestigen.

Befestigen Sie jetzt die Bastschleife, das Dschungelmoos, den Tannenzweig und den Besen mit Heißkleber.

Weihnachtliche Deko-Ideen
11. Großer Elch

Material
- Leimholz, 18 mm stark
- gehobeltes Brett, 9 x 40 cm
- Schleifpapier mittlerer Körnung
- Bohrer, Ø 2 mm
- Heißkleber
- Holzleim
- Bastelfarben in Weiß, Altweiß, Dunkelbraun, Rosa und Braun
- Strukturschnee
- Beize in Grün und Braun
- Gelstift in Schwarz
- fester Draht in Braun
- halbe Holzkugel, Ø 35 mm
- Bast
- Karoschleife
- Tannenzweige
- Reisig
- Apfel
- Kapselfrucht
- 2 Schrauben, ca. 30 mm lang
- Sprühlack

Anleitung
Diesem fröhlichen Elch sieht man ganz deutlich an, wie sehr er sich auf Weihnachten freut!

Übertragen Sie die Konturen auf das Holz, und sägen Sie diese aus. Glätten Sie die Seiten, und brechen Sie die Kanten mit dem Schnitzmesser.

Beizen Sie alle Teile in Braun und das Bodenbrett in Grün (s. unter Maltechniken).

Tragen Sie die Ponyhaare auf, indem Sie diese zunächst mit Braun ausmalen und in die noch nasse Farbe etwas Altweiß verstreichen. Alle Kanten werden nun zuerst mit Braun und anschließend mit Altweiß überbrusht.

Leimen Sie die rosa bemalte Nase auf, und zeichnen Sie das Gesicht mit dem Gelstift ein. Die Lichtpunkte werden mit weißer Farbe gesetzt. Dann wird das Geweih angedrahtet.

Leimen Sie nun den Kopf und die Füße an den Körper und diesen auf die Bodenplatte. Sichern Sie die Halterung zusätzlich noch mit den Schrauben.

Zum Schluss tragen Sie etwas Strukturschnee auf die Nase auf und fixieren die Farben mit dem Sprühlack. Dann binden Sie dem Elch noch die Schleifen um und kleben die Tannendeko fest.